DISCÍPULOS E MISSIONÁRIOS DE JESUS CRISTO A SERVIÇO DA VIDA

Síntese Popular do Documento de Aparecida

DOM ORLANDO BRANDES

DISCÍPULOS E MISSIONÁRIOS DE JESUS CRISTO

A SERVIÇO DA VIDA

Síntese Popular do Documento de Aparecida

EDITORA
SANTUÁRIO

ISBN 978-65-5527-373-1

1ª impressão

Rua Pe. Claro Monteiro, 342 – 12570-045 – Aparecida-SP
Tel.: 12 3104-2000 – Televendas: 0800 - 0 16 00 04
www.editorasantuario.com.br
vendas@editorasantuario.com.br

APRESENTAÇÃO

Esta síntese popular do Documento de Aparecida é destinada às lideranças das comunidades. A síntese supõe que as lideranças tenham capacitação para transmitir a mensagem ao povo.

A síntese não trata de temas específicos, mas apresenta uma visão global do Documento. Tem a finalidade de criar gosto, entusiasmo e simpatia pela mensagem de Aparecida. Agora é a hora da recepção da V Conferência e do Compromisso de colocá-la em prática.

Se conseguirmos ser a “Igreja da atração”, com discípulos apaixonados, missionários ousados a serviço da vida, estaremos em sintonia com a V Conferência. Com a leitura orante da Bíblia, a Igreja estará a serviço do reino da vida, a partir do encantamento e fascinação por Jesus.

Não deixemos de aproveitar esta hora da Graça.

Nota do editor: os números que aparecem entre parênteses, ao longo deste livro, indicam em que parte do Documento de Aparecida se encontra o referido assunto.

SUMÁRIO

I PARTE

INTRODUÇÃO

As Cinco Conferências dos Bispos da América Latina e do Caribe aconteceram:

- No Rio de Janeiro – 1955
- Em Medellín – 1968
- Em Puebla – 1979
- Em Santo Domingo – 1992
- Em Aparecida – 2007

QUAIS SÃO OS QUATRO MARCOS DA V CONFERÊNCIA?

Quatro realidades marcaram a Conferência de Aparecida e colaboraram para seu sucesso:

1. A intercessão de Maria, a fé mariana do povo, vivida no Santuário de Aparecida, local da Conferência.
2. O discurso do Papa Bento XVI na abertura da Conferência e citado 48 vezes no Documento.
3. A presença, os testemunhos de fé dos romeiros contagiaram os membros da Conferência.
4. A colaboração dos assessores, dos teólogos e lideranças da Igreja, que realizaram encontros e debates durante a Conferência.

QUINZE CHAVES DO DISCURSO PAPAL EM APARECIDA

O discurso do Papa Bento XVI na inauguração da V Conferência abriu muitas portas, indicou rumos, apresentou soluções.

O discurso do Papa é citado 48 vezes no Documento de Aparecida. Eis as quinze chaves:

1. A opção pelos pobres: esta opção faz parte do ato de fé, porque a fé sem obras é morta.
2. Promoção humana e verdadeira libertação: quem evangeliza promove a vida e a libertação, que são partes integrantes da evangelização.
3. As estruturas injustas: devem ser criadas novas estruturas que sejam justas.
4. As desigualdades sociais: são o grande desafio social, porque os ricos ficam mais ricos e os pobres mais pobres.
5. A globalização: tem seu lado positivo, mas concentra a riqueza e aumenta a pobreza e a exclusão.
6. A Democracia: devemos sustentá-la. Há perigo de populismo e centralização na América Latina.
7. A ecologia: a terra é casa de todos, não pode ser destruída.
8. A cultura: a fé valoriza e evangeliza as culturas.
9. A política: A missão da Igreja é formar leigos para a missão política que deve estar a serviço do bem comum.
10. O machismo: é um problema que deve ser superado porque ignora o Cristianismo que defende a igualdade de dignidade do homem e da mulher.
11. A religiosidade popular: seja valorizada e evangelizada. O povo ama Maria, os Santos e tem devoções.
12. Ausência da Igreja no âmbito político, comunicativo e universitário. É preciso fazer-se presente nestes âmbitos.

13. O enfraquecimento da vida cristã: precisamos de audácia e criatividade missionária na igreja.
14. O desgaste da identidade católica: A Igreja Católica está enfraquecendo e perdendo sua identidade.
15. O domingo e outros campos prioritários: a família, os sacerdotes, religiosos e religiosas, os jovens e a pastoral vocacional são pontos a que devemos dar muita atenção pastoral. O Papa os chama de campos prioritários.

DOIS DESAFIOS DA IGREJA NA AMÉRICA LATINA

A Conferência de Aparecida tem diante de si dois grandes e graves desafios: 1º. Iniquidade Social, que são os problemas sociais, e 2º. A Erosão do Catolicismo, que é o enfraquecimento da Igreja Católica.

1. A Iniquidade Social

Na Bíblia, o mistério da iniquidade é o anticristo, antirreino, é o mal organizado, uma realidade diabólica.
Vejamos os textos:

a. O Continente com o maior número de católicos é, também, o de maior iniquidade social (527).
b. A globalização é um processo promotor de iniquidades (61).
c. Criar estruturas onde não haja iniquidades (384).
d. Sistema Econômico iníquo (385).
e. Dolorosa iniquidade (537).
f. Exploração, opressão e exclusão, que geram sobrantes e descartáveis (65).

2. Erosão do Catolicismo (13; 38)

As causas da erosão do Catolicismo são:

– O enfraquecimento da vida cristã;
– Os que se afastam da Igreja;

- O secularismo: é o a abandono da fé, da religião e da igreja e uma vida sem Deus;
- O pluralismo: é o aumento das religiões, igrejas e crenças;
- O relativismo: trata-se do abandono das leis, dos mandamentos e da verdade. Cada um decide como quer.

OS DEZ GANHOS DA V CONFERÊNCIA

5. A realização da Conferência no Santuário de Aparecida. A fé mariana, o testemunho dos romeiros, os climas de espiritualidade influenciaram o bom andamento dos trabalhos.
6. A volta do método Ver, Julgar e Agir. Este método ajuda a ver a realidade, a julgar as causas dos problemas e buscar as soluções.
7. A retomada do Concílio Vaticano II e a fidelidade às Conferências anteriores com os temas: opção pelos pobres e os jovens, as Cebs, as pastorais sociais, promoção humana e a verdadeira libertação, a emergência dos índios, dos negros e da mulher.
8. O primado da Palavra e a Leitura Orante da Bíblia como centralidade do Reino de Deus – Reino da Vida. A Palavra de Deus e o Reino são pilares da V Conferência. Assim se superam o sacramentalismo e a burocracia na Igreja.
9. A família, a catequese, a educação religiosa e a cultura. Todos estes temas tiveram alta consideração e receberam aprofundamento na V Conferência.
10. A fidelidade ao lema: Discípulos e Missionários a serviço da Vida.
11. O clima de liberdade e cordialidade na Conferência. Foi possível viver a unidade na pluralidade.

12. O ecumenismo, o diálogo inter-religioso e a religiosidade popular. Estes temas mereceram a atenção e têm bom espaço no Documento de Aparecida.
13. A formação de Leigos. O Documento de Aparecida oferece um denso e exigente projeto de formação para os leigos.
14. Retoma-se a Integração Latino-Americana e Caribenha. Volta o rosto latino-americano da Igreja.

OS DEZ AVANÇOS DA V CONFERÊNCIA

1. Um novo impulso missionário: a V Conferência deu grande impulso à missão, relançou e renovou o espírito missionário da Igreja, que deve estar em estado permanente de missão.
2. A Leitura Orante da Bíblia: é a porta de entrada no santuário bíblico.
3. A opção pela vida – O Reino da Vida. A vida é o valor fundamental. Deve ser respeitada, preservada e cuidada.
4. O continente do Amor: o continente da Esperança deve ser também o Continente do Amor, lugar da civilização do amor, que brota da Eucaristia e do amor solidário.
5. A conversão pastoral (365-372): precisamos nos converter à ação pastoral, acreditar e investir na pastoral. Sair do sacramentalismo, da rotina, da omissão e acomodação pastoral.
6. O pai, o esposo da família: é preciso valorizar a presença do pai na família. Sua missão de pai e esposo traz segurança e serenidade.
7. A Amazônia, a Antártida e a Ecologia. Os cuidados com a Amazônia e a Antártida fazem parte do combate ao aquecimento global e da preservação da vida, na terra que é casa de todos.

8. A retomada da Teologia da Libertação. A Teologia da Libertação foi corrigida, mas não extinguida. Ela reaparece no Documento de Aparecida.

9. Teologia da Alegria e a força da mística. Para ser discípulos missionários, precisamos da força da oração e do testemunho da alegria. Temos muitas razões para ser católicos e evangelizadores alegres.

10. A criatividade, a imaginação e a fantasia na realização de projetos pastorais e missionarização das estruturas da Igreja. Para incentivar a missão, fomentar as pastorais e defender a vida é necessário criatividade, imaginação e fantasia, em nossos projetos pastorais.

AS ESPERANÇAS E EXPECTATIVAS DE APARECIDA

1. A conferência de Aparecida quer repensar, renovar e relançar a missão. Precisamos de um novo impulso missionário com ousadia, confiança, criatividade e imaginação.

2. A igreja que cresce pela atração (159) e precisa de uma forte comoção (abalo, mexida, sacudida) (362): Aparecida quer ser um "choque eclesial".

3. A Igreja deve estar em estado permanente de missão, promover uma grande missão e realizar a missão continental.

4. Urge a retomada da Iniciação Cristã, que é o encantamento por Jesus Cristo, a conversão de vida, a vivência comunitária e o compromisso missionário.

5. A síntese de Aparecida é sermos uma Igreja que tenha:
   o discípulo encantado e apaixonado;
   o missionário audaz e ousado;
   a opção pela vida digna e plena.

6. Agora começa uma nova etapa (247) e um novo caminho (9) para a igreja. Como será a Igreja depois de Aparecida? Será: Discípula, Missionária e a Serviço da Vida.

II PARTE

“O DISCIPULADO”

Vamos estudar, nesta 2ª parte do Documento de Aparecida, a questão do discipulado. O que é ser discípulo? Como deve ser o discípulo? O que marca o discipulado?

OS DEZ PONTOS-CHAVES DO DISCIPULADO

Estes 10 pontos esclarecem o que é o discipulado e como deve ser o discípulo de Jesus.

1. Realizar um encontro vivo, persuasivo e decisivo com Jesus (290). Não se começa a ser cristão por uma decisão ética, uma grande ideia, mas por um encontro, um acontecimento, uma experiência com Jesus. (11,243).
2. Ter admiração e fascinação por Jesus (136, 244, 277). Jesus precisa ser encontrado, seguido, amado, adorado, anunciado e comunicado (14). A maior fascinação da humanidade é Jesus. O discípulo é alguém fascinado por Jesus.
3. Sentir atração, vinculação, intimidade e viver o seguimento de Jesus (131,132,1333,140). Para ser discípulo requer-se estes quatro passos: atração, vinculação, intimidade e seguimento de Jesus. Trata-se de uma experiência pessoal, profunda e decisiva.
4. Assumir o estilo de vida, o destino, a cruz e a glória de Jesus (299). O discípulo se assemelha ao Mestre. A vida de Jesus, o jeito de Jesus, os sentimentos de Jesus,

como também a cruz e a glória do Senhor, são destino do discípulo.

5. Compartilhar com os outros a experiência do encontro com Jesus (287). O discipulado leva à missão. Jesus envia os discípulos à missão. Toda vocação é para a missão. Não há missão sem discipulado, nem discipulado sem missão.

6. Ser discípulo na comunhão eclesial (156). Discipulado e comunidade eclesial significam que o discípulo deve estar inserido na comunidade, vinculado à Igreja, engajado na vida da comunidade. Isso evita o intimismo, o individualismo e a separação ou afastamento da Igreja.

7. Assumir a formação para o discipulado: Aprendemos a ser discípulo. A formação do discípulo consiste em reconhecer, acolher, interiorizar e desenvolver a experiência do encontro (279). O discipulado é uma escola, um aprendizado que requer formação permanente. Quem ama quer conhecer sempre mais o(a) amado(a).

8. A vida em Cristo comporta a libertação integral, a humanização, a reconciliação e a inserção social (359). Ser discípulo implica em transformar a sociedade. O discípulo é sal, luz e fermento do mundo. A mudança do coração leva à transformação social.

9. Não há outro tesouro, outra felicidade, outra prioridade em nossas vidas que esta: de sermos discípulos missionários. É o melhor que pode acontecer em nossas vidas. É a maior alegria da vida.

10. Ser discípulo missionário apaixonado a serviço da vida. O discípulo e a missão estão a serviço da vida. A finalidade e o objetivo da missão do discípulo são a vida plena da pessoa humana. O discipulado e a missão estão a serviço da vida digna, vida em Cristo e vida eterna. Discipulado e missão culminam na santidade de vida.

AS SETE ALEGRIAS DO DISCÍPULO MISSIONÁRIO

Ser discípulo alegre, ser católico alegre, dar testemunho da alegria de seguir Jesus, eis de que precisamos, hoje, para evangelizar.

1. A alegria da dignidade humana: a pessoa humana é a imagem e semelhança de Deus, é a criatura que Deus quis por si mesmo.
2. A alegria da vida: a vida é o maior dom, o maior bem. Existimos, porque somos amados e criados por Deus. O dom da vida é a razão de nossa alegria.
3. A alegria da ecologia e do destino universal dos bens: a beleza e a grandeza da criação e o destino dos bens criados é para todos. Isso nos alegra o coração.
4. A alegria do trabalho: pelo trabalho somos co-criadores de Deus, completamos a criação. O trabalho é a chave do bem-estar familiar e social. No trabalho nos santificamos.
5. A alegria da família: É comunidade de vida e de amor, fundada no matrimônio. É proteção da vida, escola de valores, educadora da fé.
6. A alegria da ciência e da tecnologia: toda verdadeira ciência é para o bem comum, o desenvolvimento, o progresso e o bem-estar social.
7. A alegria do Continente do Amor: a América Latina e o Caribe, vivendo a comunhão, a fraternidade, a unidade, serão, também, Continente do Amor, da Vida, da Esperança e da Paz.

AS SETE CARACTERÍSTICAS DO ENCONTRO COM JESUS CRISTO

O discípulo faz a experiência do encontro com Jesus. Isso marca sua vida. Eis as características do encontro:

1. Um encontro vivo, decisivo e persuasivo: Trata-se de uma experiência forte, marcante, transformante, vivificante.
2. Um encontro fundante: é um acontecimento que dá o fundamento da nossa vida, que converte e muda a direção da vida e o jeito de viver.
3. Um encontro fascinante: Jesus é a maior fascinação da humanidade, é o tesouro, a felicidade, a prioridade de nossas vidas. "Nada antepor a Cristo Jesus."
4. Um encontro íntimo: atinge o coração, cria vinculação e amizade profunda com Jesus, faz do discípulo um apaixonado pelo seu Senhor.
5. Um encontro experiental: que marca e transforma, algo inesquecível, um acontecimento envolvente e irradiante.
6. Um encontro fecundo: Jesus Cristo é encontrado, seguido, amado, adorado, anunciado e comunicado. O discípulo é amigo, irmão, familiar de Jesus Cristo.
7. Um encontro potencializador: dilata a mente e o coração, abre para o mistério. Um encontro que envolve atração, admiração, vinculação, paixão, assombro e adesão a Jesus e ao seu Reino.

OS NOVE LUGARES DO ENCONTRO COM JESUS CRISTO

O discípulo pode realizar seu encontro com Jesus nos seguintes lugares:

1. A comunidade eclesial. A Igreja é nossa casa, comunidade de amor, escola de comunhão (249).

2. A sagrada Escritura. Jesus vive nas Escrituras e fala a nós como a um amigo. Ensinemos a Leitura Orante da Bíblia (250).
3. A Sagrada Liturgia. Toda celebração é encontro salvífico para a glória de Deus e salvação do mundo. Haja valorização da Eucaristia dominical. O encontro mais intenso e completo acontece na Celebração Eucarística (251-252).
4. O sacramento da Reconciliação. Ninguém se exclua do abraço do pai, do encontro com o bom pastor e a alegria da misericórdia (254).
5. A oração pessoal. Lugar de aprofundamento da fé e da amizade com o Senhor.
6. Os pobres, aflitos e enfermos. Neles está Jesus. Eles nos enriquecem com seu testemunho de fé e de vida.
7. A piedade popular. São expressões e manifestações da fé popular como: novenas, Rosário, via-sacra, procissão, orações, penitências.
8. A piedade mariana. Maria é a discípula mais perfeita. Na escola de Maria, aprendemos o Evangelho.
9. A devoção aos santos. Eles são exemplo de fé que estimulam nossa santificação. Os santos movem o mundo.

OS QUATRO PILARES DA IGREJA DISCÍPULA

Segundo a Conferência de Aparecida, a Igreja deve agir em quatro pilares: a santidade de vida, a alegria de ser católico, a comunhão na comunidade e a formação dos fiéis.
1. A santidade. Toda ação da Igreja deve culminar na santidade.
2. A alegria: dar testemunho da alegria de ser discípulo e missionário. Alegria de ser católico.

3. A comunhão. A Igreja é um mistério de comunhão com Deus, com os irmãos. É necessária a espiritualidade de comunhão.

4. A formação permanente. Formar discípulos missionários começando pelo encantamento por Jesus, comunhão na Igreja, engajamento na missão até o aprofundamento bíblico doutrinal.

AS SETE LUZES DA IGREJA NA AMÉRICA LATINA

O que há de positivo na Igreja?

1. A renovação bíblica pastoral: crescemos na renovação bíblica e na criatividade pastoral.
2. A renovação litúrgica: damos passos na participação litúrgica e na vivência da liturgia.
3. A estima do povo pelos sacerdotes: nosso povo estima e considera os sacerdotes. O povo está do lado do padre.
4. A abnegação missionária dos leigos: nossos leigos são dedicados, abnegados, disponíveis e generosos.
5. A renovação das paróquias – Cebs e Movimentos: Nossas paróquias têm melhorado e se renovado com as Cebs e Movimentos.
6. A Doutrina Social da Igreja – Pastorais Sociais: a Igreja tem sua Doutrina Social que deve ser cada vez mais conhecida. Nossas pastorais sociais têm ajudado o povo a se libertar.
7. A ética e espiritualidade: são valores espirituais, pastorais e sociais, que marcam positivamente a Igreja, na América Latina.

Temos fome e sede de ética, de espiritualidade, ecumenismo e solidariedade. São grandes valores conquistados, mas que precisam, ainda, de maior conscientização.

AS DEZ SOMBRAS DA IGREJA NA AMÉRICA LATINA

Quais são os pontos fracos da Igreja? (100)

1. O crescimento da Igreja não acompanha o crescimento populacional. A Igreja não atinge todos. Há espaços vazios, que as outras religiões ocupam.
2. Eclesiologia e espiritualidade contrárias ao Vaticano II. São problemas que precisam de solução: a débil opção pelos pobres, as recaídas secularizantes na vida religiosa, a desobediência à moral da Igreja, o enfraquecimento da vida cristã.
3. Pouco ardor evangelizador, ritualismo, espiritualidade individualista. São pontos de decadência e conservadorismo, no campo da liturgia, espiritualidade e evangelização.
4. Linguagem pouco significativa. Nossa linguagem é incompreensível. Precisamos falar a língua do povo. Falar com simplicidade.
5. Insuficiência de Clero, comunidades sem Eucaristia, escassez de vocações, falta de espírito missionário no clero. São problemas graves nos seminários, no clero e na formação. É hora de buscar reforço para a pastoral vocacional.
6. Pastorais fracas: pastoral do menor, pastoral carcerária, pastoral dos migrantes. O Documento assinala estas pastorais dentre as mais fracas.
7. Movimentos Eclesiais que não se integram. É o problema dos movimentos que não estão em comunhão com a paróquia, a diocese e formam a igreja paralela.
8. Os afastados: São as pessoas que abandonaram a Igreja. É preciso ir ao seu encontro.
9. As novas Igrejas e religiões: crescem e aparecem novas religiões, novas igrejas separadas da Igreja Católica.

10. A falta de vida simples, austera e solidária. Precisamos dar o testemunho de vida mais simples, como, por exemplo: comidas, automóveis, casas paroquias etc.

AS DEZ CARACTERÍSTICAS DA IGREJA DISCÍPULA

1. Igreja da atração: A Igreja cresce pela atração. Quanto mais houver amor, comunhão e unidade, tanto mais a Igreja será atraente comunidade de amor (159).
2. Igreja samaritana: é a Igreja sensível e aberta aos pobres, sacramento do amor, da solidariedade e da justiça (26).
3. Igreja casa e escola de comunhão: lugar de participação, Igreja-familia, casa dos pobres (395), povo de Deus (164).
4. Igreja advogada da justiça e dos pobres: Igreja defensora dos pobres, profética, companheira dos pobres (395).
5. Igreja Bíblica, a partir da Leitura Orante da Bíblia (249). É necessário a formação bíblica e ensinar a leitura orante, promover a pastoral bíblica. O povo deve ter acesso à Bíblia.
6. Igreja que vive da espiritualidade de comunhão (154-160), que consiste em formar pequenas comunidades; incentivar as Cebs, integrar os movimentos e novas comunidades, abrir-se ao ecumenismo e diálogo religioso, buscar os afastados.
7. Igreja Eucarística: A Eucaristia é fonte e culminância de toda a vida da Igreja. Uma Igreja eucaristizada é a Igreja que dá testemunho da alegria, promove adoração e a vida em Cristo; busca os afastados, respeita a pastoral diocesana e a religiosidade popular, educa para o valor do domingo, dia do Senhor. A comunhão é para a missão e, por outro lado, a missão reforça a comunhão.
8. Igreja a serviço do Reino da Vida (395): luta por estruturas justas, promove vida digna, sabe discernir os sinais

dos tempos, realiza a evangelização com a promoção humana e a verdadeira libertação.

9. Igreja que oferece formação permanente (292): a formação começa com a iniciação cristã, isto é, com o encantamento por Jesus, a conversão constante, a vivência comunitária, o compromisso missionário.

10. Igreja que o permanece na escola de Maria: a Mãe de Jesus é a discípula por excelência, exemplo de fé e obediência, mulher livre e forte, mulher profética.

OS SETE PONTOS DO CAMINHO À SANTIDADE

1. O seguimento de Jesus: ter jeito de ser de Jesus, suas motivações, seus sentimentos, sua obediência ao Pai, a doação de si até a Cruz.
2. As bem-aventuranças reveladas nas Sagradas Escrituras. A Leitura Orante da Bíblia (139). A leitura da Palavra de Deus, especialmente a vivência das bem-aventuranças, é caminho de santificação.
3. Os sacramentos da Igreja (142). Todos os sacramentos são para nossa salvação e santificação.
4. Maria Santíssima (141): a devoção a Maria e a imitação da fé e obediência da Mãe de Jesus levam-nos à santidade.
5. O serviço aos pobres (139): sem caridade não há santidade. Os santos sempre amam os pobres e vivem pobres.
6. A caridade pastoral e a missão (144-146): Nosso trabalho pastoral é santificador. É a caridade pastoral que santifica.
7. A vida no Espírito: Oração, Eucaristia e o Sacramento da Reconciliação. Sem oração, conversão e vivência eucarística, não há santidade de vida. A Palavra, os sacramentos e a oração são meios de santificação. Dar valor ao sacramento da Confissão.

OS QUATRO EIXOS A REFORÇAR NA IGREJA HOJE

Para que a Igreja se renove, seja cada vez mais o rosto de Jesus no mundo e para trazer de volta os afastados e atrair os fiéis é preciso oferecer.

1. A experiência religiosa. É o encontro pessoal, intenso, vivo com Jesus Cristo, o encantamento pelo Senhor.
2. A vivência comunitária. É o acolhimento, valorização, inclusão, engajamento na comunidade. Todos são corresponsáveis.
3. A formação bíblico-doutrinal. Meditação e conhecimento bíblico, amor à Palavra de Deus.
4. O compromisso missionário: ir ao encontro dos afastados e reencantá-los; missionarizar toda a ação da igreja, ter consciência e espírito missionário.

AS CINCO ETAPAS DO PROCESSO DE FORMAÇÃO DOS DISCÍPULOS

Para formar os discípulos missionários precisamos de cinco etapas:

1. O encontro com Jesus. É a experiência viva, o encantamento pela pessoa do Senhor, um acontecimento que toca e muda a vida.
2. A conversão. É o desejo e o esforço de mudar, crescer, ser melhor. É o abandono do pecado e a opção pelo seguimento de Jesus.
3. O discipulado. É o seguimento de Jesus, que se aprofunda e leva a viver no Espírito e a ser perseverante na amizade com o Senhor.
4. A comunhão eclesial. O cristão é, antes de tudo, um irmão que faz comunhão fraterna na família, na igreja e na vida. É a vivência da fraternidade e solidariedade.
5. A missão: Ir ao Povo, às pessoas, às casas, às comunidades e além-fronteiras. Discipulado e missão são inseparáveis.

III PARTE

PROPOSTA MISSIONÁRIA DE APARECIDA

A V Conferência trouxe um grande impulso missionário e convida todos a um "estado permanente de missão". Vejamos os grandes projetos missionários.

1. O discípulo missionário: o discipulado é para a missão. Ser discípulo é ser missionário. Toda vocação é para a missão. Não há discipulado sem missão, nem missão sem discipulado.
2. Formar discípulos missionários. Uma formação que leve ao encantamento por Jesus, à conversão pessoal, ao engajamento na Igreja e na missão. Formação não é apenas oferecer cursos, mas, também retiros espirituais.
3. A Igreja em estado permanente de Missão (551): todos na Igreja são missionários. A missão corpo a corpo, de casa em casa, de comunidade em comunidade, com muita criatividade e imaginação, significa o estado permanente de missão da Igreja.
4. Missionarizar as estruturas eclesiais. Secretárias, padrinhos, testemunhas de casamento, pastorais, seminários, gestantes, lideranças, capelas, paróquias, dioceses tenham espírito e criatividade missionária.
5. Espírito e impulso missionário. Não podemos ser acomodados, omissos, negligentes. É hora de converter-nos do comodismo, apatia, sacramentalização e burocracia. A

Igreja necessita de uma "comoção missionária", uma mexida forte.

6. Missão a serviço da vida. Missão com promoção humana e verdadeira libertação e implantação do Reino da Vida. O discípulo missionário está a serviço da vida.

7. Missão específica. A missão deve atingir todos os espaços, como os "novos areópagos", que são os centros de decisão, a vida pública, a cidade, o além-fronteiras, as universidades, o ambiente político etc. Atingir empresários, políticos, comunicadores, artistas etc. Cada espaço, cada setor precisa ser atingido pela missão.

8. Espiritualidade missionária. Citamos aqui alguns pontos fortes da espiritualidade missionária.

Ser missionário com:

a. Ímpeto e audácia (549; 552; 11);
b. Ousadia e Confiança (363);
c. Pessoa a pessoa, casa a casa, comunidade em comunidade (550);
d. Fervor espiritual, superando os evangelizadores tristes e desanimados, impacientes ou ansiosos (552);
e. Comunhão e missão estão sempre unidas;
f. Imaginação e criatividade (173);
g. Missionários decididos e valentes (150).

9. Renovação missionária. A renovação missionária leva em conta os seguintes pontos:

a. Pastoral da conservação ser substituída pela pastoral missionária (370)
b. Abandonar estruturas ultrapassadas (365).
c. Forte comoção eclesial (362). Nossa Igreja precisa de uma remixada, uma sacudida, um choque pastoral.

10. Missão Continental. Se cada católico se tornar missionário e se cada comunidade tiver criatividade missionária, teremos a missão Continental, ou seja, missão em todo lugar, permanente, em toda ocasião e oportunidade, em todas as nações (551). Grande Missão – Esta missão inicia no coração de cada cristão, chega às casas e até aos telhados, via meio de comunicação (362).

PASTORAL MISSIONÁRIA DE APARECIDA

1. Uma Igreja em estado de missão permanente (551):
   Realiza a Grande Missão (362);
   Realiza a Missão Continental (551);
   Ser uma Igreja sem fronteiras (412).
2. Como deve ser o discípulo missionário?
   Missionários decididos e valentes (150);
   Missionários com imaginação e criatividade (173);
   Missionários com ímpeto e audácia (549);
   Missionários com ousadia e confiança (363);
3. Como deve ser a ação missionária?
   Missão a serviço da vida (cap. 7°);
   Missão com promoção humana, libertação (399);
   Missão que mobilize todos (550);
   Missão pessoa a pessoa; casa em casa; comunidade em comunidade (550);
   Missão que supere a conservação (370);
   Missão no campo político, comunicativo, universitário (502);
   Missão com estremecimento (364);
4. Missão Ad gentes (374): significa a missão sem fronteiras, que é sair de casa, sair da sacristia, sair da paróquia, sair da Diocese e ir para as ruas, para as casas, para outras nações, para a Amazônia, para o mundo.

IV PARTE

A PASTORAL NA V CONFERÊNCIA

A V Conferência reforçou as pastorais, principalmente, as pastorais sociais. Que estejam a serviço da vida e impregnadas de espírito missionário.

OS DEZ GRANDES EIXOS PASTORAIS DE APARECIDA

A Conferência de Aparecida oferece um reforço pastoral bem concreto. Retoma o anônimo pastoral e convoca todos os fiéis a uma ação evangelizadora abrangente. Os principais eixos pastorais são:

1. Conversão Pastoral (365-372). Converter-se às pequenas comunidades, ao projeto arquidiocesano, à eclesiologia de comunhão, à renovação pastoral e institucional, à pastoral da missão, superando a de conservação; ao reino da vida e aos sinais dos tempos e à superação das estruturas ultrapassadas.
2. As Cebs e Pequenas Comunidades (178-183). É a Igreja comunidade, família, grupo de reflexão que faz a paróquia ser comunidade de comunidades.
3. Opção pelos pobres (391-398). É uma opção que vem da fé e implica estar com os pobres, sem exclusão dos outros.
4. Pastoral Social (399-405). As pastorais sociais (Pastoral da Criança, da Pessoa Idosa, da Juventude, Carcerária, etc.) devem estar a serviço da vida na esperança da nova sociedade.

5. Globalização da Solidariedade (406). É o espírito e a prática da partilha, do bem comum, da comunhão de bens, da inclusão social, da caridade cristã.

6. Os rostos sofredores que doem em nós (407-430). São eles: o habitante da rua, os enfermos, os dependentes químicos, os migrantes e os presos.

7. A família: crianças, idosos, jovens, mulheres, o pai de família. A família é patrimônio da humanidade e tesouro de nossos povos, fundamentada no matrimônio entre um homem e uma mulher. O Documento envolve a pessoa do pai.

8. Caminhos de Reconciliação e Solidariedade (534-545). É a promoção da justiça, do perdão, da reconciliação, da concórdia, dos direitos humanos da paz.

9. A formação. A V Conferência enfocou com vigor a formação dos discípulos e missionários. Salientou os seguintes pontos:

- O processo de formação: é a formação permanente, constante, planejada.
- Os critérios gerais da formação: devem levar ao encantamento por Jesus, à participação na comunidade e à missão.
- A iniciação cristã e catequese: é o encontro com Jesus, a conversão, o amor à Igreja, o compromisso missionário e a formação bíblica.
- Os lugares da formação: Paróquia, Cebs, Movimentos, Novas Comunidades, Seminários, Casas de formação.
- Educação católica: Os colégios, as escolas e universidades católicas que devem cumprir a missão de evangelizar.

10. Pastorais Específicas: A V Conferência deu ênfase às pastorais abaixo descritas:

1. A Cultura – Pastoral da Cultura;
2. A Pastoral da Comunicação: Rádio, Jornal, TV etc.;
3. Os Novos Areópagos (política, empresas, universidades);
4. A vida Pública: os centros de decisão, os formadores de opinião;
5. A Pastoral Urbana; Evangelizar a cidade e o mundo urbano;
6. Os que deixaram a Igreja (225-226): é preciso reencatá-los e buscá-los;
7. A Pastoral Indígena: Índios, terra, reforma agrária;
8. A Pastoral Afro: os negros e a cultura africana;
9. O Meio Ambiente (470-475): terra, mares, rios, animais; Ecologia, aquecimento global;
10. A Pastoral dos Migrantes: os que mudam de casa, de cidade, de Estado e de País;
11. A Educação Católica (328-345): Colégios e Universidades Católicas;
12. Ecumenismo e Diálogo Inter-religioso (227-238) e Pastoral Presbiteral. Precisamos abrir-nos ao diálogo, unidade e comunhão com outros religiosos.
13. Pastoral do Domingo e do Turismo (252). São pastorais novas, desafios novos. Como fazer uma pastoral do domingo? Sejamos criativos.

OS SETE PONTOS DA CONVERSÃO PASTORAL

Somos convocados a uma conversão pastoral em sete pontos (365-372): Converter-se:

1. Às Pequenas Comunidades: é preciso crer, amar e converter-se aos Grupos de Reflexão, pequenas comunidades.

2. Ao Projeto Pastoral Diocesano: respeitar e obedecer ao plano pastoral diocesano é viver em comunhão e evitar paroquialismo.
3. À Pastoral de Missão e não de conservação: precisamos converter-nos a uma missão permanente, uma "missionarização" da Igreja. Todas as estruturas devem ser missionárias.
4. À Eclesiologia de Comunhão – Comunidades Primitivas: Conversão à comunhão, evitando divisão, discórdia, rupturas. As Comunidades Primitivas eram unidades de coração, unidas na fé e na caridade.
5. À renovação eclesial, pastoral, espiritual, institucional: são quatro renovações necessárias na Igreja hoje. É hora de transformação do coração e das estruturas.
6. Ao reino da vida e. sinais dos tempos: a Igreja está a serviço do reino da vida. Deve perceber os sinais de Deus e ser serva do reino.
7. Às estruturas eclesiais missionárias e ao abandono das estruturas ultrapassadas. Todas as estruturas estejam a serviço da missão. É hora de vencer a burocracia. Hora de abandonar estruturas ultrapassadas.

OS ENFOQUES PASTORAIS DE APARECIDA

1. OS CINCO ROSTOS SOFREDORES QUE DOEM EM NÓS (407-430)
    1.1. Os habitantes de rua: são os andarilhos, os sem teto, os menores abandonados e outros.
    1.2. Os enfermos: nossos doentes precisam de nossa presença. Eles são missionários através da dor e cruz. Urge revigorar a Pastoral da Saúde.
    1.3. Os dependentes químicos: são os dependentes de álcool, de outras drogas e entorpecentes.

1.4. Os migrantes: são os que mudam de casa, os fugitivos de guerras, os refugiados, os estrangeiros.
1.5. Os presos: são os encarcerados, os que estão nos presídios e nas cadeias.

2. OS 23 NOVOS ROSTOS DE POBRES (65 e 402)

Conferência de Aparecida mostra como aumentou a pobreza e, com ela, os novos rostos de pobres. Vejamos quais são:

2.1. Os migrantes;
2.2. As vítimas de violência;
2.3. Os deslocados;
2.4. Os refugiados;
2.5. O tráfico de pessoas;
2.6. Os sequestrados;
2.7. Os desaparecidos;
2.8. Os portadores de HIV;
2.9. Os portadores de enfermidades endêmicas;
2.10. Os dependentes químicos;
2.11. Os idosos;
2.12. Os meninos de rua;
2.13. As vítimas de prostituição, pornografia, violência;
2.14. O trabalho infantil;
2.15. As mulheres maltratadas, excluídas, exploradas;
2.16. Os desempregados;
2.17. As pessoas com capacidades diferentes;
2.18. Os excluídos de tecnologia:
2.19. Os habitantes de rua;
2.20. Os indígenas
2.21. Os afrodescendentes;
2.22. Os sem-terra
2.23. Os mineiros.

V PARTE

A OPÇÃO PELA VIDA

OS DEZ PONTOS DE OPÇÃO PELA VIDA EM APARECIDA

A igreja fez opção pela vida (417). Vejamos como é esta opção.

1. A prioridade da vida (466) e os caminhos da vida (12): O Documento de Aparecida quer que a vida tenha o primeiro lugar, seja o primeiro bem, o primeiro valor. A vida é um bem primário.
2. O projeto de vida (129): o projeto de Deus de Salvação é em favor da vida humana, vida em Cristo e vida eterna. Os discípulos missionários devem promover a vida nova. As Pastorais Sociais devem estar a serviço da vida (401).
3. O evangelho da vida (475): a vida é uma boa nova, uma graça e uma tarefa. Cristo faz a vida bela, livre e grande. O evangelho dá um sentido unitário da vida humana. Devemos ser profetas da vida (471).
4. A cultura da vida (464): Deus criou o universo como espaço de vida (125). A proposta de Deus é uma proposta de vida (15 e 166). A cultura da vida é fazer mais humana, mais digna e mais feliz a vida na terra (400)
5. O Reino da vida (143,353): o reino de Deus é um reino de vida, de promoção humana e libertação, reino de defesa

dos direitos humanos, reino onde Deus é tudo para todos, reino que nos conduz à vida eterna.

6. Os lares devem ser ninhos de vida (554): a família é o ninho onde a vida é acolhida, amada, respeitada, desde a concepção até seu fim natural.

7. A vida nova em Cristo (15,131): fomos criados em Cristo. Jesus é vida da nossa vida. Nele temos vida humana, vida nova, vida eterna plena e feliz.

8. Os discípulos missionários devem estar a serviço da vida (169,175): Jesus assegurou que nele temos vida plena, vida em abundância. A missão e evangelização devem estar a serviço da vida.

9. A vida é um bem primário (108): a vida é o fundamento de tudo, fundamento da comunidade humana e política e de todas as instituições.

10. A vida é uma boa nova (106-113): a vida é maravilha, dom, compromisso, o primeiro bem. Daí a nossa obrigação de louvar e agradecer pela vida e, ao mesmo tempo, a tarefa de cuidar e promover todo tipo de vida, desde a natureza até a vida eterna.

OUTROS PONTOS DE OPÇÃO PELA VIDA EM APARECIDA

Por que Aparecida faz uma opção pela vida? Quais são as razões e os fundamentos desta opção? (417)

1. A prioridade da vida (466): o primeiro valor, o primeiro bem, o primeiro lugar é a vida.

2. A boa nova da vida (106-113): o primeiro bem que recebemos de Deus é a vida. Nosso primeiro dever é não matar. A vida do universo, da pessoa, da família, a vida social, tudo é uma boa nova.

3. Os caminhos da vida (13): os caminhos da vida são: a fé, a família, o amor de Deus, a fraternidade, a verdade.
4. Projeto de Deus – Projeto de vida (129): o projeto de salvação de Deus é um projeto de vida digna, vida em Cristo, vida santa e vida eterna.
5. O evangelho da vida (475): a vida é, em si mesma, um evangelho, uma boa nova, uma graça, um anúncio de Deus.
6. Os profetas da vida (478): todos temos o dever de defender, proteger e promover a vida.
7. A luta pela vida (468): Lutar pela vida humana, pela vida na terra, pela vida digna é dever de todos.
8. O reino da vida (366): O Reino de Deus é reino da vida, da justiça, do bem, da verdade que promove a vida.
9. A vida em Cristo (359): Fomos criados em Cristo Jesus. A vida de Jesus deve repercutir em nossas vidas. Ele é a vida.
10. A cultura da vida (464): A ciência deve estar em favor da vida, assim devem ser a política, a economia, a família, a igreja.
11. O sentido da vida (38,52): A vida tem sentido. É dom e tarefa. Cada pessoa tem dons para servir a vida dos irmãos. A vida futura, eterna e feliz será a plenitude da vida.

OS DEZ TEMAS LIGADOS À VIDA

Estes temas também enfocam, cuidam e protegem a vida.

1. Ecologia: a natureza é a casa de todos. Deve ser cuidada e preservada.
2. Dignidade humana: a pessoa humana é imagem e semelhança de Deus.
3. Opção pelos pobres: defender os pobres é defender a vida.
4. Família: a família é promotora de vida, berço de vida, ninho da vida, Santuário da vida.

5. Promoção humana: consiste em defender os direitos humanos, a justiça social e lutar pelas condições básicas da vida: comida, casa, escola, emprego etc.
6. Pastorais sociais: são as pastorais que cuidam da vida, como por exemplo: a Pastoral da Criança, Pastoral da Terra, Pastoral Carcerária, dentre outras.
7. Globalização da Solidariedade: é o esforço em favor da vida digna para todos, por meio da partilha, reforma agrária, bem comum.
8. A Cultura: é tudo o que se cultiva para o bem de todos.
9. A missão: a finalidade da missão é a salvação, a promoção humana, o serviço à vida.
10. A vida em Cristo: Jesus é a vida de nossa vida. Devemos viver a vida de Jesus em nossas vidas.

OS QUATORZE EIXOS DA CULTURA DA VIDA (464-469)

1. Dom de Deus e tarefa: é preciso agradecer o dom da vida e assumir a missão, a tarefa, a responsabilidade da vida.
2. Bioética: é a ciência da vida, a defesa da vida.
3. Prioridade da vida: a vida é o primeiro valor.
4. A vida da criança e do idoso: a criança e o idoso são as vidas mais frágeis, que merecem mais atenção.
5. Luta pela vida desde a fecundação: não matar, não justificar o aborto.
6. Oferecer formação sobre a vida: a educação traz qualidade de vida.
7. Moral familiar: é a prática do bem, de verdade, do amor na família.
8. Promover congressos, painéis, fóruns: é preciso criar ocasião e oportunidades de estudos em defesa da vida.

9. Criar comitê de bioética: criar equipes de estudo, comissão que aprofunde as questões relativas à vida.
10. Universidades Católicas ofereçam pesquisas: as escolas e universidades católicas têm obrigação de oferecer estudos sobre a vida.
11. Ajuda aos casais: ajudar namorados, noivos e casais na sua missão de esposos e pais.
12. Acolher com misericórdia quem praticou aborto (463). Não condenar, mas ajudar as pessoas que praticaram aborto. Que se tornem defensores da vida.
13. Ter leigos competentes que organizem a defesa da vida. Que tenhamos médicos, advogados, empresários, políticos que defendam a vida como também leigos(as) competentes nesta área.
14. Assegurar o direito à objeção de consciência. Objeção de consciência é o direito de discordar de uma lei injusta que vai contra a convicção da consciência pessoal bem formada. Um médico que é contra o aborto não é obrigado a realizá-lo, mesmo que a lei obrigue.

AS QUATORZE AGRESSÕES À VIDA (109-113)

1. A degradação da natureza: desmatamento, lixo, gastos de água, poluição do ar etc.
2. A exclusão (65): falta de participação nos bens, na vida, nos direitos.
3. As estruturas de morte: são leis, instituições, tradições que promovem a morte.
4. A idolatria: é o abandono de Deus e apego às coisas: dinheiro, sexo, fama, poder.
5. A falta de sentido: vazio da vida, desejo de morrer, desânimo, depressão, etc.

6. A despersonalização: tudo o que desrespeita e desvaloriza a pessoa.
7. O desespero: falta de esperança, de sentido, de luta.
8. O individualismo: cuidar de si e esquecer, desprezar os outros.
9. O subjetivismo: é quem diz "eu faço o que eu quero"; "eu sou dono da minha vida e os outros que se danem".
10. O aborto e eutanásia: aborto é provocar a morte do ser humano no útero materno. Eutanásia é provocar a morte de pessoas idosas, doentes, defeituosas.
11. As drogas: maconha, cocaína, álcool e remédios fortes.
12. A cultura da morte: tudo o que facilita e provoca a morte: violência, transito, drogas, aborto, terrorismo etc.
13. A globalização: esta palavra vem de "globo", que é o mundo, o globo terrestre, que agora se uniu para lucrar, consumir, vencer e, assim, aumentar a pobreza.
14. A violência: todo tipo de agressão, ódio, morte, terrorismo, assalto, roubo, sequestro.

A BOA NOVA DA VIDA

A V Conferência convida todos os fiéis a agradecer a Deus o dom da vida e mostrar como Jesus valorizou e defendeu a vida.
1. Louvamos pelo dom da vida e por aqueles que a honram e dignificam colocando-a a serviço dos demais. A Encíclica "O Evangelho da Vida" Ilumina o valor da vida (106)
2. O mistério do Verbo Encarnado explica o mistério do homem, manifesta o homem ao próprio homem (107). Jesus Ilumina a vida humana e a enaltece.
3. A vida tem um valor sagrado desde seu início até o seu fim natural. Respeitar este bem primário é um dever de todos. Aí se fundamenta a comunidade humana e política (108).

4. Diante da vida sem sentido. Jesus revela o amor trinitário. Diante do desespero, Jesus oferece a ressurreição e a vida eterna. Diante da idolatria, Jesus apresenta Deus como valor supremo (109).

Diante da subjetividade hedonista, Jesus mandou entregar a vida diante do individualismo, Jesus convoca à comunhão fraterna.

Diante da despersonalização, Jesus ajuda a construir identidades (110).

Diante da exclusão, Jesus defende os fracos e a vida digna.

Diante das estruturas de morte, Jesus é a vida plena (112).

Diante da natureza ameaçada, Jesus fala do cuidado que o Pai tem pelas criaturas (113).

O SHOW DA VIDA EM APARECIDA

1. Opção pela vida – nº 417
2. Prioridade da vida – nº 466
3. Caminhos de vida – nº 13 e Caminhos de morte
4. Discípulos missionários protagonistas da vida – n° 12
5. A proposta de Deus, uma proposta de vida – n° 151
6. O universo criado, um espaço para a vida – nº 125
7. O Projeto de Deus, projeto de vida, fazer a vida mais humana – nº 400
8. O Evangelho da Vida – nº 475
9. Cristo faz a vida bela, livre e grande – nº 15
10. Louvemos a Deus pela boa nova da vida – nº 41
11. A fé do sentido unitário e completo da vida – nº 41
12. É preciso incentivar a luta pela vida – nº 468
13. A promoção da cultura da vida – nº 41
14. Somos profetas da vida – nº 471
15. A pastoral social deve lutar em favor da vida – nº 401
16. Os lares sejam ninhos da vida – nº 554

17. O reino de Deus é reino da vida – nº 143, 353, 358
18. A vida é um bem primário – nº108
19. Jesus ensina o sentido da vida e a doação da vida – nº 35, 38, 52
20. Jesus é a vida nova – nº 13,15,131, e a vida plena – nº 112
21. A missão está a serviço da vida – nº 169, 175
22. A Palavra de Deus é Palavra de vida – nº 350
23. A Eucaristia é para a vida do mundo – nº354, 175
24. A fé se manifesta na defesa da vida – nº394
25. É necessário defender a vida desde a sua origem até seu fim natural – nº 108,388
26. O povo tem a sabedoria da vida – nº 07
27. Jesus e a novidade da vida – nº 13
28. Deus é o amor que dá a vida – nº 13
29. A fé, a esperança e a caridade renovam a vida – nº 13
30. Precisamos ser testemunhas de Jesus com a própria vida – nº 16
31. O encontro com Jesus é o mais decisivo da vida – nº 21
32. Sofremos deterioração da vida social – nº 78
33. O discípulo assume o estilo de vida de Jesus – nº 139
34. Pastorais, carismas, ministérios e missão é para comunicar vida – nº359
35. Nosso povo tem sede de vida – nº 359
36. A vida em Cristo inclui libertação integral, humanização, reconciliação e inserção social – nº 359
37. A pessoa é centro da vida – nº 480
38. Os homens públicos sejam solidários com a vida – nº 406
39. Os legisladores, governantes e profissionais da saúde sejam conscientes da dignidade da vida humana – nº 436
40. Não podem receber a Sagrada Comunhão os que propiciam graves delitos contra a vida – nº 436

41. A Igreja agradece todos os que se ocupam com a defesa da vida – nº 472
42. A evangelização deve iluminar todos os âmbitos da vida social – nº 501
43. É urgente dedicar cuidado especial à promoção da vida consagrada – nº 315
44. Urge educar para a iniciação à vida cristã nº 294
45. O presbítero é um servidor da vida – nº 199
46. A primeira pastoral é o testemunho de vida – nº 211
47. A vida consagrada é testemunha do Deus da vida – nº 219
48. A vida consagrada é chamada a viver uma vida discipular – nº 220
49. A vida em comunidade é essencial à vocação cristã – nº 164
50. A vida em Cristo inclui a alegria de comer juntos, de progredir, de trabalhar como também a alegria de servir os pobres, ter contato com a natureza, viver a sexualidade segundo o Evangelho – nº 356
51. A vida cresce quando é doada: dar a vida é definitivamente a missão – nº 360
52. O anúncio do Evangelho é anúncio de vida – nº 363

CONCLUSÃO

A Mensagem de Aparecida é uma opção pela vida, um compromisso missionário ardoroso brota de um discipulado autêntico.

Tudo começa com o encontro vivo, decisivo e persuasivo do discípulo missionário com Jesus e vai em frente com a Leitura Orante da Bíblia, para que nossa Igreja seja "Igreja da atração". É hora de ir além da pastoral de conservação e deslanchar a pastoral da missão.

Uma Igreja santa, samaritana, a serviço do reino da vida marcará o futuro Continente do Amor. A igreja discípula missionária estará em missão permanente a serviço da vida.

É preciso revitalizar a libertação verdadeira, a opção pelos pobres sem exclusão, a promoção humana, as pastorais sociais e as comunidades eclesiais de base, os grupos de reflexão. Tudo isso requer uma "conversão pastoral".

Os movimentos eclesiais e as novas comunidades enriquecem a Igreja e haverão de estar em comunhão com a Diocese, paróquia e o ensino social da igreja, sob a luz da espiritualidade de comunhão.

ANEXO

DEZ EIXOS DA CONFERÊNCIA DE APARECIDA

O Documento de Aparecida indica rumos para nossa ação evangelizadora. Vamos aqui refletir sobre dez eixos, dez propostas, dez linhas-mestras para impulsionar a vida cristã e o dinamismo pastoral em nossos dias.

1. Viver a alegria de ser discípulo. O eixo da alegria perpassa o Documento. Não se trata de um sentimento qualquer, mas de um testemunho de vida. A alegria é um sacramento, um sinal, uma confissão de fé. Chega de Igreja carrancuda e de murmuração. Precisamos ser Igreja de atração.
2. A conversão pastoral. É um apelo veemente. Passou o tempo da acomodação pastoral. Nada de retrocesso, nem conservadorismo. Conversão pastoral é imbuir-se de espírito missionário e abandonar as estruturas caducas (n° 379). Preceder os sinais dos tempos, criar comunidades vivas, ter projetos pastorais são elementos da conversão pastoral.
3. A missão permanente. A Igreja deve estar em estado de missão, fazendo de cada batizado um missionário e da família um santuário. Missão corpo a corpo, de casa em casa, até os confins do mundo. Assim acontecerá a missão continental.
4. O primado da Palavra. Na escola da Palavra, surgirá a primavera da Igreja, aumentará o ardor missionário, acontecerá a conversão à santidade. A porta de entrada no santuário da Palavra é a leitura orante da Bíblia.

5. A experiência do encontro com Cristo. No início da Vida cristã não está uma doutrina, nem uma ética, mas o encontro pessoal, a experiência transformadora e fascinante da amizade com Jesus amigo, salvador, profeta filho de Deus.

6. A centralidade do Reino de Deus. Faz parte da missão e promoção humana a libertação, o respeito pela dignidade da pessoa. A Igreja está a serviço do reino de Deus, que é o Evangelho, o próprio Jesus, promovendo a vida, ensinando o amor, revelando o Pai.

7. Ser Igreja da atração. A Igreja cresce pela atração. Quanto mais santa, mais atraente, mais servidora, sendo casa e escola de comunhão, onde os pobres se sentem como em sua casa.

8. A prioridade da vida. A Conferência de Aparecida foi uma "opção pela vida" (n° 430). Desde a vida no ventre materno, passando pelo meio ambiente, assumindo a vida nova em Cristo e com olhos fixos na vida eterna, o Documento de Aparecida colocou a vida como prioridade.

9. A formação dos discípulos missionários. Esta formação não é só doutrinal, mas existencial, envolvente a partir da iniciação cristã, com um forte toque bíblico. Começa a partir do encontro marcante com Cristo. A oração é escola de formação como também os grupos de reflexão.

10. O continente do amor. A América Latina e o Caribe, pela fé do povo, pela religiosidade e solidariedade devem viver a espiritualidade de comunhão, realizar a integração continental e ser, no mundo, o Continente do amor, da vida, da paz. Por ser o maior continente católico, dever ser o Continente do amor, que é o maior mandamento.

O ESPÍRITO, A IGREJA E A V CONFERÊNCIA

O que o Espírito quer dizer às Igrejas da América Latina e do Caribe? Encontramos no Apocalipse (Cap. 2 e 3) uma fala do Espirito às Igrejas daquele tempo. Precisamos escutar o que diz o Espírito. Ele é a autoridade máxima, a alma da Igreja, o Advogado, o Consolador, o Amor. Em suas mãos está a V Conferência.

As sete Igrejas da Ásia menor necessitam de conversão. A igreja de Éfeso é uma comunidade decadente. Perdeu seu primeiro amor. Caiu na rotina, na mediocridade, no pecado. Precisa reavivar seu encantamento missionário, seu entusiasmo por Jesus. O único caminho para uma Igreja decadente é voltar ao maravilhamento do primeiro amor. Eis o que lhe diz o Espírito.

A Igreja de Pérgamo caiu na idolatria. Envolveu-se com dinheiro, aparência, triunfalismo, estrelismo, carreirismo. O dinheiro, o poder e o sexo são ídolos que afetam profundamente a Igreja e erigem suas catedrais: os bancos, os motéis, os shoppings. O Espírito inspira a conversão, a volta, a transformação desta Igreja. Se não mudar, perecerá.

A Igreja de Tiatira não corrige os erros. Prefere ocultá-los. É infiel, quer fazer média, quer agradar e deixa o povo sem orientação e confuso. Reinam em seu meio a confusão doutrinal, a divisão e a dispersão do povo. As doutrinas falsas não são corrigidas e os erros vão para debaixo do tapete. Vive-se de aparências. O Espírito inspira e confirma a verdade pela qual morrem os mártires.

Sardes é uma Igreja acomodada. Faltam-lhe dinamismo, entusiasmo e ardor. Vive na instalação, na mesmice, no tradicionalismo. Estabeleceu um pacto com a mediocridade. É uma Igreja parada, engessada, estagnada sem vitalidade. O Espírito a corrige, mostrando-lhe a alegria da Páscoa e a coragem de Pentecostes, além do sangue dos mártires e a ousadia dos missionários.

Laodiceia não é nem fria, nem quente, é morna. Merece ser vomitada. Está precisando do colírio que é a palavra de Deus para poder ver sua própria cegueira. O Espírito inspira-lhe sensibilidade para descobrir sua miséria, seus erros e sua mediocridade. Esta igreja puxa as coisas para trás, para baixo, para o menos. Contenta-se com o mínimo. Ela deve comprar vestes brancas que é a fé batismal, a filiação divina.

A igreja de Esmirna é perseguida, difamada, vítima de preconceitos, críticas e complôs. Há inimigos dentro dela mesma. Sofre por ser fiel ao Evangelho, à boa nova para os pobres, doentes e pecadores. O Espírito confere-lhe coragem, perseverança, glórias e a coroa da vida. Alcançará a salvação.

A Igreja de Filadélfia é um exemplo de comunidade fiel. Guarda a Palavra, proclama Jesus Cristo e seu reino, crê no amor de Deus, espera as demoras de Deus, abre suas portas a Deus e aos irmãos, confessa suas fraquezas e procura conversão. Ela vence Satanás com a força da graça e recebe uma solene proclamação de Deus, que lhe diz: "Eu te amo". O senhor promete protegê-la sempre e irá coroá-la.

Qual é a realidade das Igrejas (dioceses, paróquias) que a V Conferência encontrará? Parece que estamos vivendo algumas realidades parecidas com as das Igrejas da Ásia Menor. Desejamos que a V Conferência seja um novo Pentecostes.

A V CONFERÊNCIA E O SÍNODO PARA A AMÉRICA

Em 1999, realizou-se em Roma, o Sínodo para a América. Estamos às vésperas da V Conferência, a qual pode receber muitas contribuições do Sínodo, pois estes encontros referem-se à realidade da América do Norte, do Sul e do Caribe.

O Sínodo apontou nossos pontos fortes: identidade cristã, piedade popular, ação social, educação católica, amor a Maria, frutos de santidade. Por outro lado, mostrou, no n° 56, oito pecados sociais que clamam aos céus. São eles: comércio de drogas, corrupção, lucros ilícitos, terror e violência, corrida armamentista, discriminação racial, destruição da natureza e desigualdade social.

A V Conferência encontrará esta situação piorada. De lá para cá, apareceram novas formas de pobreza, aumento da miséria, proliferação de religiões, seitas e movimentos religiosos. Além disso, a Igreja encontra-se enfraquecida pelos escândalos religiosos, fracasso familiar e descaso frente à ética cristã: aborto, anticoncepcionais, segundas núpcias, uso de preservativo. O ecumenismo caminha a passos lentos e as vocações femininas rareiam. A Igreja não consegue lidar a contento com os formadores de opinião pública, nem com profissionais liberais como médicos, advogados, cientistas, universitários, jornalistas. Perdemos os operários e agora estamos perdendo os jovens. Não sabemos adequar nossas paróquias, nossa catequese e nossa mensagem ao mundo moderno e urbano. Até o domingo foi sequestrado de nossas mãos. Virou dia do sono, do futebol, do shopping.

A V Conferência chega em boa hora e com uma proposta que nos enche de esperança: a de sermos discípulos e missionários de Jesus Cristo para que nele nossos povos tenham vida. Tudo indica que a Bíblia, a missão e a solidariedade compõem a "trindade da V Conferência". Resta saber se os membros da Conferência terão os pés no chão para não confeccionarem mais um documento. Esperamos propostas bem concretas e práticas em relação à Bíblia, a missão e a solidariedade. Nós somos ótimos no ver, bons no julgar e fracos no agir. Precisamos de menos documentos e mais práticas. Com meios frágeis, mas eficazes, podemos realizar grandes ações. Mais do que ideias e doutrinas, necessitamos de caminhos, pontes, pistas, ações, rumos, estratégias.

A Igreja Católica perdeu sua posição de privilégio no âmbito religioso. Deve saber conviver com outras religiões, com a sociedade moderna, criar novas pastorais e fortalecer as que enfraqueceram. Há ainda um conflito interno entre movimentos eclesiais, cebs, pastorais sociais. É escasso o grito profético. São bem visíveis os sinais de conservadorismo.

A V Conferência desperta esperança, mas também perplexidades. O Espírito Santo, alma da Igreja, seja invocado por meio de nossa oração, para que aconteça em Aparecida um novo Pentecoste. Maria discípula, mãe, rainha é referência e caminho para o seguimento de Jesus. Seu Magnificat haverá de ressoar nos quatro cantos do mundo, proclamando a misericórdia de Deus, a disponibilidade de servir, a vivência da Palavra, a defesa dos famintos e a queda dos poderosos. A fé que se origina em Abraão e o amor de Deus por seu povo serão as duas asas para a Igreja alçar o voo missionário.

A V CONFERÊNCIA E O BRASIL QUE QUEREMOS

A V Conferência em Aparecida é um acontecimento continental com repercussão nas nações da América Latina e na Igreja dispersa pelo mundo inteiro. Nossos olhos se voltam para Aparecida. É um olhar de esperança mesmo que tenhamos razões para pensar o contrário. No âmbito social, as razões latino-americanas e caribenhas precisam reafirmar alguns valores.

1. Confirmação da democracia. O colonialismo e as pressões dos mercados são ainda sufocantes. Nossa liberdade e autonomia têm longo caminho a percorrer. A Doutrina Social da Igreja é clara quanto aos direitos humanos, à intangível dignidade da pessoa humana, à convivência política, ao Estado de direito, ao bem comum que se fundamenta na ética.
2. O amor pela justiça. A opção pelos pobres, a libertação dos pecados sociais, a luta contra a exclusão que aumenta com a globalização, o combate contra a corrupção clamam por mais coragem profética. "Os cristãos devem ser a voz dos pobres do mundo" (João Paulo II). Chegou a hora da Igreja ser a "casa dos pobres" e de fazer acontecer a "fantasia da caridade".
3. A solidariedade é possível. É proibido passar fome. Nossas cidades são parecidas com o rosto de Jesus, belas no centro, mas coroadas de espinhos nas periferias. Miséria e fome entre nós competem com o consumismo, a obesidade, o desperdício. Vencemos a violência com a solidariedade. Concentração de renda e corrupção são trilhos

que conduzem ao fracasso, ao narcotráfico, ao terrorismo e à banalização da vida. A solidariedade é a nossa paz.

4. Respeito pelas culturas. O outro, o diferente é também irmão. A discriminação e a rejeição do outro coloca-nos num nível infra-humano e até infra-animal. A cultura da inclusão é um dos sinais do Reino de Deus. A tolerância é a lei magna da boa convivência. Nossos desertos devem tornar-se jardins pela diferença das flores, das cores onde respeito ao outro, a alteridade, é sinônimo de amor fraterno.

5. Consciência ecológico. Ou mudamos ou pereceremos. Deus perdoa sempre, nós perdoamos algumas vezes, mas a natureza não perdoa nunca. Ela é fiel à sua estrutura. Que faremos sem a irmã água? Que futuro teremos se somos matricidas, matando a mãe terra? Estamos sendo algozes de nossa própria existência. Cada vez mais o apocalipse se impõe, mas continuamos fazendo festa. O barco em que estamos está afundando, mas parece que imaginamos estar numa piscina.

6. Ecumenismo e Diálogo Inter-religioso. A divisão dos cristãos é escândalo e agora piora com a corrupção religiosa. As religiões não podem satanizar-se mutuamente. Sofremos com o fundamentalismo onde cada religião se coloca como detentora da verdade. Buscar a unidade na diversidade é o que precisamos. O ecumenismo é como a subida de uma montanha: não é fácil, mas é possível.

GUADALUPE, APARECIDA E A V CONFERÊNCIA

Nossa Senhora de Guadalupe é a padroeira da América Latina. Veio em socorro dos índios, dos pequenos e, ao mesmo tempo, deseja a formação da comunidade através da construção do templo. Chama o índio Diego de Dieguito, isto é, mostra seu carinho de mãe.

A mensagem de Guadalupe é: mostrar o amor, a compaixão, o auxílio e proteção de Maria para com o povo. Ela está gravida do sol, indicando assim a fé na divindade de Jesus, Filho de Deus, "sol nascente que nos veio visitar" (Lc 1,78). A Mãe diz ao índio: "Não se perturbe teu coração; nem te inquietes com coisa alguma; não te aflijas". São palavras de consolação e encorajamento. Eis a Mãe da solidariedade e da consolação. Diego é elevado, por Maria, à categoria de "embaixador digno de confiança", embora seja também o "menor dos meus filhos". Maria acolhe o que o mundo despreza. Maria tem o rosto mestiço, deixa sua imagem gravada no manto (tilma) o índio. Ela pede ao índio que vá dialogar com o bispo. É a Mãe que reúne os filhos, promove a comunhão. Maria, com sua ternura e seu carinho, vem aliviar a opressão, a humilhação e a dor do povo. É a Mãe da solidariedade, mãe das dores, que permanece de pé ao pé da cruz dos seus filhos.

Na América Latina, Nossa Senhora aparece sempre em favor dos pobres (México, Colômbia, Venezuela, Equador, Peru, Bolívia, Chile, Argentina, Paraguai, Brasil). Por outro lado, o povo latino-americano e caribenho é profundamente mariano. Maria, a discípula do

Evangelho na América Latina e no Caribe, vem em defesa dos oprimidos, da mulher e reúne todos pela fé em Jesus, na Igreja, nossa mãe. A mensagem guadalupana é clara: estar do lado dos pequenos, dos sofredores, conduzi-los a Jesus e à participação na comunidade eclesial.

A mensagem de Aparecida é semelhante. Maria vem trazer a libertação contra a escravidão e a fome. Diante de sua imagem, rompem-se as correntes que prendiam o escravo. Os pescadores e os pobres têm em Maria aquela que reza: "os famintos serão saciados". A Mãe de Deus, como qualquer mãe verdadeira é contra a fome, a escravidão e discriminação racial. Aparecida também reúne o povo na comunidade eclesial, pois é missão da mãe Igreja estar do lado da vida e da dignidade humana e, ao mesmo tempo, ser "a casa e a escola" de comunhão. Maria, Mãe de Deus. Na América Latina e no Caribe é mulher profética, que une a fé e o Evangelho com a realidade social e política e, ao mesmo tempo, é mãe consoladora doce, clemente e piedosa. Os índios, os negros, as mulheres, os pobres têm em Maria uma defensora e libertadora. Os santuários marianos acolhem o povo peregrino e pecador, mas têm a missão de evangelizar e promover a pastoral dos migrantes, do acolhimento e do combate à fome. São lugares de catequese do povo peregrino.

Por terem uma marca mariana, as nações sul-americanas e

caribenhas devem assumir o compromisso de unir fé e vida, oração e libertação, mística e política. Não podemos esquecer que faz parte integrante da missão da Igreja a promoção humana e a defesa dos direitos humanos. Na verdade, nossa fé se comprova nos gestos e nas atitudes de amor fraterno. Esperamos que a V Conferência, a exemplo de Nossa Senhora de Guadalupe e de Nossa Senhora Aparecida, saiba promover a dignidade da pessoa humana, criar novas comunidades e colaborar na transformação da sociedade.